蕉風—養浩軒俳句集

邱 各 容 著

文 史 哲 詩 叢
文史哲出版社印行

國家圖書館出版品預行編目資料

蕉風：養浩軒俳句集 / 邱各容著. -- 初版. --
臺北市 ： 文史哲,.民 109.08
頁， 公分. -- (文史哲詩叢;147)
ISBN 978-986-314-525-7（平裝）

863.51 109013178

文史哲詩叢 147

蕉風—養浩軒俳句集

著者：邱各容
出版者：文史哲出版社
http:// www.lapen.com.tw
e-mail：lapen@ms74.hinet.net
登記證字號：行政院新聞局版臺業字五三三七號
發行人：彭正雄
發行所：文史哲出版社
印刷者：文史哲出版社
臺北市羅斯福路一段七十二巷四號
郵政劃撥：16180175 傳真 886-2-23965656
電話 886-2-23511028 886-2-23941774
定價新臺幣三〇〇元
二〇二〇年（民一〇九）八月初版

ISBN 978-986-314-525-7 09147

蕉風——養浩軒俳句集

目次

匏月

瓜月

筍月

芋月

芥藍月

白月

第二輯 二〇一九年

蔥月

韭月

莧月

蘀月

匏月

瓜月

筍月

芋月

俳句選擇了我

邱各容

松尾芭蕉的啓迪

我並非出身於文學院中文系或是國文系，但是每每在散文作品中總會寫下幾句飛來的詩詞，這是自然生成，不是勉強為之。自己也說不出個所以然，卻鑾喜歡這種半文半白的書寫文體；我與俳句的淵源肇始於日本作家中野孝次原著，臺大歷史系教授李永熾翻譯的《清貧思想》一書，深深被書中提及松尾芭蕉的俳句所吸引，也深受該書回歸簡樸、活在當下、喜捨感恩、同體共生等四種理念的影響。

我非常服膺松尾芭蕉說過的一句話：「**人生沒有重複，生命在每一時刻都只有一次。**」松尾芭蕉在他的《奧之細道》的俳句中，寫有「**何等尊貴，青葉嫩葉，在日光下**」。生為人身落凡塵，也唯有能夠把握每一個生命的當下，才能真正體會到「青葉嫩葉，何等尊貴」的真實義。

俳句固然是很短的定型詩，松尾芭蕉的俳句卻予人一種富含禪意的境地。諸如：〈於佐夜山中〉「命也如此／僅剩斗笠下面／一絲蔭涼」。又如：〈無題〉「枯木枝頭／烏鴉兀自棲止／秋日黃昏」。三如：〈竹畫贊〉「寒風習習／引入竹林後面／默默無聲」。每回欣賞他的俳句，心靜自涼的感受油然而生。俳句勿寧說是淺語的藝術表現，以淺顯的文字表達深刻的意涵，將俳句的藝術性充分表現無遺，將俳句的音樂性透過節奏與旋律予以鋪陳。而俳句的生活性往往讓平淡的生活充滿至性的文學況味。

情境、意境、心境

對不擅寫長詩的我，短小、精煉、細微的俳句最合口味。這就如同長詩像連續劇，俳句像單元劇，我比較欣賞單元劇的精緻甚於連續劇的冗長。俳句雖然只有短短三行，卻自成一體。每一帖俳句就是一種情境、就是一種意境、就是一種心境。無論是情境，或是意境，或是心境，一一都可以入畫，換句話說，俳句是詩畫合體的表徵。這種畫可以是水墨，可以是白描，可以是寫真，也就是說，俳句不啻是文人畫的象徵。

打從三年前開始投身俳句書寫，奉松尾芭蕉為俳句書寫的異國啟蒙師，或許有點自不量力，可他的俳句作品引領我一窺俳句世界的堂奧卻是不爭的事實。已故臺灣詩人巫永福說林建隆是透過英文了解日本的俳句，而我是透過李永熾教授翻譯的《清貧思想》以及鄭清茂教授翻譯的《芭蕉百句》了解松尾芭蕉的俳句。也就是說，我和林建隆各自有接觸日本俳句的渠道。

自從開始書寫俳句以來，曾經和已故的成大教授林瑞明、南臺科技大學副教授林柏維等在網路上互通訊息。巧的是我們三人都是採用五七五的句型，林瑞明教授的俳句非常生活化與在地化；林柏維副教授的俳句文學性很強；我的俳句兼具理性與感性。

五七五俳句常駐我心

俳句在目前的臺灣詩壇較之於現代詩明顯的屈於弱勢，可它在臺灣的發展卻是與新詩同步。戰後的臺灣詩壇是現代詩獨領風騷，俳句變成一群受過日本教育的俳人聚會交流的共同話題，最著名的是由黃靈芝先生主持的「日文臺北俳句會」。至於用中文書寫俳句的為數甚少，孤木難以成林，單絲何以成線？同樣是用中文書寫，有以三行現代詩形式的，有以二行形式書寫的，有以五七五三行句型書寫的，無論如何就是自由表現。

縱然如此，我還是傾向於五七五的句型書寫俳句，加上尾字押韻，形成所謂的「押韻俳句」。請看：〈春語〉「**寒雨話滄桑／香君空谷吐芬芳／冷風扣心窗**」。〈夏情〉「**風起樹梢**

頭／蛙鳴一聲解輕愁／蓮池雨更稠。」〈秋思〉「臨秋悲寂寥／楓紅含淚隨風飄／懷念與時雕。〈冬詠〉「白梅笑靨展／芬芳爭吐不爭艷／松竹共歲寒。」

植根於醉心俳句的耕耘，真的是欲罷不能，日日俳句日日寫，俳句日日入我心。有鑑於五七五句型的俳句近乎是中國唐朝五言或七言絕句的綜合，很享受「押韻俳句」完成的那一瞬間，似乎與松尾芭蕉越來越近的氛圍。每完成一帖，就告訴自己：「我愛俳句，俳句愛我。」

青山常在水長流

曾經和林瑞明教授談及有關俳句與國民詩的關係，既然俳句都能夠成為日本的「國民詩」，那有沒有可能，讓俳句也成為臺灣的「國民詩」。林教授認為有可能，但需要很長一段時間的醞釀。前輩話語猶言在耳，可他卻因病辭世。俳句之路雖然充滿書寫社群缺乏、發表場域有限等不確定性因素；但是我深信，只要一秉初衷，矢志不移，集結有意從事俳句書寫的同好，謀求有意刊載俳句作品的刊物，孤木成林，單絲成線，並非天方夜譚，而是努力可成。

常言道：只要青山長在，何愁無可燒之材；只要綠水長流，何愁無可渡之舟。青山、材燒、綠水、舟渡，彼此環環相扣，脣齒相依，缺一不可。相形之下，俳人、俳句、場域三者關係更是緊密。黃靈芝的「日文臺北俳句會」以日文為軸心，遺憾的是迄今並無類似「日文臺北俳句會」的組織性俳人團體，也無專刊俳句的文學雜誌。的確，身為俳人的一員，無時無刻不以此為念，只希望有生之年，能夠看到俳句再度散發其光芒，在臺灣詩壇的夜空，依舊是一顆亮眼的詩星。

臺灣俳句歲時

歲時記，係時令書，日本詩歌按「季語」分類的注釋書，如《俳諧歲時記》。在臺灣以「歲時記」為書名的，前有黃靈芝的《臺灣俳句歲時記》，後有焦桐的《蔬果歲時記》。

前者係以日文書寫，按歲時記的慣例與臺灣的人事物候，將各季節所發生的事物分人文、天文地象、植物和動物等四項進行編撰，紀錄下臺灣日文俳句的創作與專屬於臺灣的季語，該書共收錄近四百個臺灣相關的季語。

後者係以中文書寫，焦桐認為只有蔬果才能表現季節的節奏感。本省有句俗諺：「正月蔥、二月韭、三月莧、四月蕹、五月匏、六月瓜、七月筍、八月芋、九芥藍、十芹菜、十一蒜、十二白。」這句俗諺正好應了焦桐的想法。焦桐進一步覺得古往今來，農民們依循節氣變化，栽種適時蔬果，消費者購買當地當季蔬果，真正落實飲食配合大自然的節奏。

本書收錄從二〇一八年一月三十一日，以迄二〇一九年八月三十一日為止的四百帖俳句，每一帖都註明月日，按歲時記編排，以時間為經，以空間為緯，既有時序的節奏感，復有人文、天文地象、植物和動物等四項的空間感，純粹是以配合時序和大自然的節奏為依歸。至於編排則分二〇一八年和二〇一九年兩大輯，每一輯依本省俗諺，將十二個月份按序分別題為：蔥月、韭月、莧月、蕹月、匏月、瓜月、筍月、芋月、芥藍月、芹菜月、蒜月、白月等。

多承松鼠文化賴凱俐總編輯撥冗為拙作撰寫推薦文──〈文學中最精巧的多寶閣──俳句〉，她以「隨文入觀」的閱讀視野，深入淺出的閱讀分享，點出筆者創作書寫俳句的人生工作報告。感謝文史哲發行人彭正雄兄精美的攝影作品，使本書增色不少。

本書是個人繼《臺灣俳句集》之後，兩年多來集結出版的第二本俳句集，或可說是兩年多來持續書寫五七五俳句的心路歷程，也是從事五七五俳句書寫的人生工作報告，至於報告內容是否充實？是否紮實？務請讀者諸君批評指教。如若因為此兩本五七五俳句的出版問世，讓更多的素人也興起書寫的熱潮，讓五七五俳句走入家庭的期盼能夠向前再進一步，余願足矣。

二〇二〇年六月寫於永和新店溪畔養浩軒

文學中最精巧的多寶閣——俳句

賴凱俐（松鼠文化總編輯）

初接觸俳句，是閱讀小林一茶的俳句選集。一帖俳句是由五、七、五共十七個音節組成，一茶常以童趣的描寫對照生活中的艱苦，並以平易的語言關照眾生。和一茶同受「俳聖」松尾芭蕉啟迪的各容老師，在俳句的創作上完整地保留「禪」的氛圍，更對「人情」有細膩的著墨，於短短十七字中，涵養著豐沛的情感。

如〈聚會〉：「往事頻流連／歡愉聚首話當年／別後總繫念。」在熱鬧的短暫聚首之後，是長長的牽繫與懷念。而〈懷友〉：「音信常無影／遙想祝福轉飛鴻／松子落滿徑。」在未相聯繫的生活中仍惦記著老友，將祝福以心念轉送，以實體的「松子」轉化了「懷念」的意象，並以「落滿徑」完整了「送達」的期許。寫景寓情，相互承接又平衡得恰如其分，實為精緻。

由於俳句中必須安排「季語」——用以表達春夏秋冬、各式節日的節令用語，使各俳句裡的景象更加具體。各容老師在本書的編目已充分發揚「季語」特色——將俳句依創作月份進行排序，並以俗諺中每月的代表農作進行編目：「正月蔥、二月韭、三月莧、四月蕹、五月匏、六月瓜、七月筍、八月芋、九芥藍、十芹菜、十一蒜、十二白。」充分展現其作品中對「時序」的依歸。

如收錄在「韭月」中的〈春訊〉：「**風消雲去逝／山澗水潺應此時／枝頭藏春詩。**」在風雲消逝與山水流動的對比之下，描繪冬去春來，即將開啟新的創作旅程。另「白月」中〈郊道〉：「**暖冬和風爽／竟日逍遙把心放／山水任徜徉。**」則是描寫因冬日吹來暖風，讓人舒暢得身心逍遙，無論親近山水都能自在陶然。而「匏月」之中這帖〈行吟〉：「**筆墨在人間／快意朗吟間誦詞／縱情山海濱。**」讓人感到非常暢快、有自信，似在呼應著「大塊假我以文章」的充實飽滿！這些作品在在都反映著各容老師的生活與創作，是如何順應著大自然的節奏而能如此天人合一，相信已達致俳句中「禪」的境界。

俳句只以十七字為一帖，內容卻能包羅萬象：天文、地象、動物、植物，以及作者的情感、人生及世界觀，更有因創作俳句而欣喜的熱情，讓讀者的心緒為之開闊。閱讀各容老師的俳句，有如觀賞多寶閣的精細工法，總能讚嘆文字的精緻、巧妙，又似不加雕琢地渾然天成，將大千世界收羅其中。

〈啟蒙〉：「**師承芭蕉風／文學地景相輝映／一圓俳人夢。**」各容老師研究、創作及教學俳句多年，持續鼓勵大家嘗試創作，期許它可以成為臺灣的「國民詩」。雖然推廣初期，書寫、發表與閱讀俳句的社群尚未成眾，然而如各容老師於〈身影〉中所述：「**播種者甚寡／願力花開結善果／拾穗者趨眾。**」相信這本《蕉風——養浩軒俳句集》的出版即是「結善果」，讓種子遍地扎根、發芽，直至茁壯、結出美麗的果穗，引領更多人一同欣賞、耕耘俳句之美。

第一輯 二〇一八年

蔥月

【一】寬心 (01.31)

心寬路更寬
行吟道唱意為先
空谷覓幽蘭

【二】湖心 (01.31)

心湖映倒影
舟楫漂流原是夢
憶戀總由衷

韭月

【三】隨興 (02.01)

興隨意念行
方寸筆墨喜相映
陶然蘊其中

【四】夜雨 (02.01)

雨夜風寒瑟
賦詩填詞吟詠樂
開懷何失落

【五】誠心（02.01）

心誠映月明
感人肺腑共識生
芥蒂潛無蹤

【六】隨順（02.01）

順隨緣孳生
久別偶遇巧相逢
敘舊幾時重

【七】拼圖（02.02）

圖拼形構成
人生菁華匯歷程
衷心賴以誠

【八】結局（02.02）

局結情未了
煙塵往事隨風飄
夢碎處心焦

【九】 同念（02.03）

念同識相近
寒夜煮茗迎立春
茶餘詩唱吟

【十】 詩心 （02.03）

心詩之靈魂
師法自然純樸尊
超脱更出塵

【十一】 眞愛（02.04）

愛真不言説
相識相知相付託
心湖何來波

【十二】 朋友（02.04）

友朋貴交心
珍如惜來惜如珍
今世永芳馨

【十三】冬暖（02.11）

方外溫情濃
講學良性勤互動
歡樂笑滿盈

【十四】機緣（02.11）

寒中慶相逢
前緣賡續同歌行
潛能頻甦醒

【十五】春訊（02.11）

風消雲去逝
山澗水潺應此時
枝頭藏春詩

【十六】文心（02.16）

隨筆墨餘香
雲端傳輸遍十方
文昌自然彰

【十七】 意念 (20.16)

烽煙幾時休
生靈哀嚎風狂嘯
一醉解千愁

【十八】 行吟 (02.27)

枯枝色更鮮
風冷蕭瑟氣味寒
陽春道悠遠

【十九】 夜幕 (02.27)

白日影無蹤
步履遠涉晚來鐘
塵囂水流東

【二〇】 春雨 (02.28)

千絲情萬縷
滌塵除埃自茲去
空山清如許

【二一】 春興 (02.28)

雲起水窮處
鶯啼婉轉出空谷
遊吟天涯路

莧月

【二二】 遙念 (03.03)

春寒雨紛霏
相思情濃溢心扉
魂夢常依隨

【二三】 遊春 (03.03)

忽聞鶯啼轉
幽徑獨步臨溪畔
游魚自安閒

【二四】 情緣 (03.08)

暮雲催晚風
月下纖影儷人行
默言心扉通

【二五】 惜緣 (03.08)

山高細水長
琴弦撥韻總繞樑
共話剪燭光

【二六】 早安 (03.11)

晨曦啓明天
林鳥爭鳴音婉囀
舒心情悠閒

【二七】 晨歌 (03.11)

枝頭春十分
啼鳥爭鳴逐夢痕
朝露滿滋潤

【二八】 戀人 (03.12)

忽聞笛聲殘
遙想伊人心懸念
惆悵入眠難

【二九】安心（03.12）

柔情深似海
相知疼惜莫空待
心韻如天籟

【三〇】入山（03.30）

陽春三月天
山寺謁師半日閒
滌塵去雜念

【三一】出山（03.30）

斜陽滿山照
枝頭鳥鳴無任高
尋聲問松濤

【三二】遊山（03.31）

寒煙山帶翠
野徑悠閒日薄催
澗水與時堆

【三三】看山（03.31）

山嵐甫出岫
幽蘭吐香韻味足
水色映溪頭

蕹月

【三四】悠情（04.01）

煙囂隨風逝
賦詩填詞趣未失
風雅正逢時

【三五】山居（04.01）

晨曦迎朝露
柴扉見山綠堆厚
夕照暮雲流

【三六】珍情（04.02）

旅人念真情
朝雲暮靄隨身聽
竊聞鳥飛鳴

【三七】　山寺（04.02）

天光雲影斑
飛瀑流泉水潺潺
梵唄清音漫

【三八】　吟遊（04.20）

春意詩中滿
迎風頌歌聲聲慢
行吟更且遠

【三九】　春色（04.21）

紫藤花盛開
桃李爭春無軒輊
油桐正此時

【四〇】　懷想（04.21）

身處忘憂谷
臨風高歌水漂舞
朝露葉上珠

【四一】年輪（04.21）

歲月看橫剖
成長的祕密縮影
生命留紋理

【四二】心事（04.22）

無聲彼吶喊
不可言說的語言
沉悶下符號

【四三】黃昏（04.24）

倦鳥飛入林
山居遙聞梵唄音
暮靄喜向群

【四四】夜思（04.24）

歸程何處尋
漂浪無蹤跡無痕
天涯唱遊人

【四五】 歸途（04.25）

生命暫停歇
娑婆浮沉總凋謝
落葉恐成堆

【四六】 向晚（04.25）

山寺暮鼓響
餘暉夕照霞唱晚
春秋莫可擋

【四七】 春晨（04.26）

朝露珠玉圓
展顏迎曦福滿盈
清鳥啼音囀

【四八】 春顏（04.26）

和風展笑靨
樹叢現臺灣藍鵲
穀雨斷霜切

【四九】傍晚（04.26）

涼意捎來風
紙鳶輕盈飛半空
俯瞰水中影

【五〇】春信（04.26）

陰霾悄隱遁
河清見影身外身
心頭春十分

【五一】閒逸（04.26）

賦詩風雅頌
遊吟四方興味濃
俳情禪意增

【五二】送別（04.27）

今夕苦難當
山居煮茗共話常
明日各一方

匏月

【五三】故居（05.05）

殘破固依舊
屋角櫻樹初綻放
斜陽又一年

【五四】冀望（05.05）

風濤竹韻恬
巧雲在天何等閒
蘭馨桂香遠

【五五】故事（05.05）

時過境乃遷
老生如斯常笑談
結果依舊然

【五六】入夜（05.05）

白日將歸息
塵囂悄然正隱遁
暮笛忽響起

【五七】望溪（05.05）

虛實相輝映
鷺鳥乍然失蹤影
想尋偶去也

【五八】臨水（05.05）

千絲連萬縷
盡付如斯東逝水
春風來送行

【五九】入畫（05.05）

心寧思恬靜
丘壑松下正對奕
逍遙塵世外

【六〇】別情（05.05）

陽關初唱兮
風中串串是離意
天各一席地

【六一】鏡頭（05.07）

飛雲伴流瀑
夏山桐花紛飄雪
高遠始入畫

【六二】鐘鼓（05.07）

破曉聞鐘響
人生幾何待轉折
垂暮見鼓鳴

【六三】詠蘭（05.07）

幽谷識香君
月下芳姿頻掩映
清馨更淡雅

【六四】竹語（05.07）

勁節頗有度
風中輕盈且曼舞
傲然世無雙

【六五】話荷 (05.07)

圓葉何田田
笑靨迎風滿舒展
蛙鳴聲處處

【六六】行旅 (05.08)

吟遊遍有情
幾番風雨耐折騰
悲懷更無窮

【六七】莫愁 (05.08)

聚散真無常
即便殘夢也是美
應作如是觀

【六八】開懷 (05.08

識趣堪相投
照見彼此各丘壑
茶話懇談心

【六九】順心（05.09）

南風貼身過
山澗水流葉飄落
當下無聲息

【七〇】夢話（05.08）

如真又似假
虛中實來實中虛
青河在招手

【七一】夏日（05.16）

風生漣漪起
荷葉田田展笑顏
蛙群奏鳴曲

【七二】晚歌（05.16）

餘暉甫站臺
晚風初唱牧笛歌
旅人頻動容

【七三】 墨餘 (05.16)

筆管頃在握
縱橫詩詞涉俳文
其樂也自得

【七四】 隨筆 (05.17

瞬間偶感處
頻率轉化為文字
蔚然喜成篇

【七五】 孤燈 (05.17)

夜靜影將息
草堂門扉半遮掩
獨照彼隻身

【七六】 自畫 (05.18)

心筆任揮灑
神韻有容賦一格
毫端方成畫

【七七】清閒（05.18）

罣礙呈遞減
心湖清澈喜見底
諸事逐漸順

【七八】行吟（05.18）

筆墨在人間
快意朗詩兼誦詞
縱情山海濱

【七九】有容（05.18）

彼水窮之處
舉目悄靜聲無息
漣漪頃安在

【八〇】含笑（05.18）

丘壑無風波
天地同歌我亦唱
解悶開心懷

【八一】故鄉 (05.18)

記憶層堆疊
最是心靈那原鄉
童年敘舊夢

【八二】思親 (05.18)

心在彼青天
望穿煙波千里遠
繫念慈母顏

【八三】身影 (05.18)

播種者甚寡
願力花開結善果
拾穗者趨眾

【八四】山居 (05.18)

鳥鳴相與聞
風濤扣扉頻道安
暮歌好送晚

瓜月

【八五】 日暮 (06.26)

樂聞風中笛
吟遊四方步履痕
笑看夕陽斜

【八六】 風信 (06.26)

樹間伊獨孤
天涯何處伴侶尋
晚風喜來傳

【八七】 蟬鳴 (06.27)

協奏譜戀曲
風中分列式閱聲
大地增妙音

【八八】 心河 (06.27)

擺渡無聞問
身影飄逝芳蹤杳
落日笑人癡

【八九】維明（06.28）

天清心自晰
昨夜夢痕了無跡
笑靨迎朝曦

【九〇】暮情（06.28）

夕照滿山紅
牧歌唱晚迄未歸
漂浪無了時

筍月

【九一】天光（07.04）

微曦渲薄雲
笑看遠山山不應
雀鳥獨低鳴

【九二】漂浪（07.05）

渾沌闇幽微
黎明啓航孤星淚
心燈伴相隨

【九三】 悲歌 (07.06)

葉落任風催
浮雲追問胡不歸
漂鳥淚頻垂

【九四】 喜福 (07.07)

詩文零距離
輕輕一按傳千里
心園花盛開

【九五】 晨歌 (07.16)

微曦亮天明
朝露珠潤花間滾
鳥囀風裡傳

【九六】 晚唱 (07.16)

白日旋將盡
暮靄情懷深幾許
黑夜秋波送

【九七】睹思 (07.31)

睹物意深遠
交流緣起書同文
思人念愈沉

芋月

【九八】感懷 (08.01)

漂鳥天地遊
詩文相伴樂以悠
心遠不來愁

【九九】平凡 (08.01)

樹間鳥飛鳴
與天同歡心氣平
雲下花想容

【一〇〇】春木 (08.02)

絕處峰迴轉
枯木逢春再生緣
輕煙帶翠遠

【一〇一】夏思 (08.26)

方寸起波瀾
煙塵迷濛道茫然
喬嶽定心安

【一〇二】花語 (08.27)

翡翠綠田田
笑靨迎風聲聲慢
暑氣離遠遠

【一〇三】閒情 (08.29)

暮雲詩篇篇
游魚自在水潺潺
晚風步姍姍

【一〇四】默然 (08.29)

秋雨暗自泣
陽關初唱情依依
南風棄別離

【一〇五】無言（08.29）

番薯低聲泣
秋海棠隨心就意
望空徒嘆息

【一〇六】無語（08.29）

屈居屋簷下
行事強勁安最大
緘默誰與答

芥藍月

【一〇七】悠情（09.04）

山居藍鵲鳴
啜飲清茶金風迎
荒徑覓人蹤

【一〇八】夜吟（09.04）

幕垂笛聲揚
縷縷鄉愁秋夜長
風晚頻扣窗

【一〇九】轉念 (09.03)

晴日空湛寂
清靜調息正相宜
秋風悅來兮

【一一〇】秋云 (09.03)

桂花遠飄香
風濤樹籟清氣朗
魚樂游有方

【一一一】氣度 (09.07)

靜夜暗思量
幾重風波幾重浪
孤棹將啓航

【一一二】寬心 (09.08)

舊識喜相逢
同餐共敘鄉音濃
後約幾時重

【一一三】漣漪 (09.10)

風生波驟起
秋雲緘默無聲息
倦鳥何所棲

【一一四】夕照 (09.12)

晚風曼舞秀
日影西斜頻回首
暮靄難消受

【一一五】晚唱 (09.13)

心湖孤悼影
笑看塵世多風情
雲山樂空靈

【一一六】心念 (09.14)

風起葉凋零
漂鳥捎信秋意濃
花落水戀情

【一一七】秋情（09.16）

清秋院落深
煙波無痕詩悦新
幽園木樨香

【一一八】寬心（09.17）

秋意著新妝
月桂含笑吐馨芽
天高鳥飛遠

【一一九】秋興（09.18）

天遠氣清爽
詞至心靈詩意張
筆下見真藏

【一二〇】秋語（09.17）

金風動心池
香雲掩湧無盡時
天地均為詩

【一二一】秋吟 (09.29)

秋內風中鳴
月桂飄香逸趣濃
懷思兩處同

芹菜月

【一二二】秋葉 (10.08)

秋山詩意濃
黃葉離枝醉滿徑
松濤一掃空

蒜月

【一二三】浮生 (11.09)

有生若是夢
虛如真來真如虛
究竟一場空

【一二四】安閒 (11.09)

清閒不等閒
置身物外寢得安
與天地同參

【一二五】 無塵 (11.09)

清議還復來
各取所需容於外
心定無塵埃

【一二六】 形影 (11.09)

形單影更鮮
世路維艱心持寬
長夜路漫漫

【一二七】 冬暖 (11.13)

天寒心不寒
悲懷有情頻送暖
牧歌盪迴腸

【一二八】 歸隱 (11.13)

但問別出塵
河清見影身外身
歸臥南山隱

【一二九】月下（11.13）

滿徑皆落華
月光織錦美如畫
瀟灑送白髮

【一三〇】寄語（11.13）

世事頻更迭
蒼穹孤懸彎鉤月
舉步暫停歇

【一三一】雲山（11.03）

雲盡無了時
以地為親天為師
山窮水流逝

【一三二】懷舊（11.13）

與丘壑為鄰
水窮之處波無痕
松下懷故人

【一三三】首航（11.13）

揚帆人海進
無端盲從水中困
真定植根本

【一三四】平和（11.14）

枯枝形更鮮
冬陽送暖鳥聲囀
翹首望青天

【一三五】共生（11.14）

老幹新枝盛
古趣新意相輝映
水乳並相融

【一三六】觀變（11.14）

丘壑秉定見
真話不畏假言傳
變異堪靜觀

【一三七】戲夢（11.14）

人生直如戲
劇不迷人人自迷
但請莫唏噓

【一三八】清心（11.21）

鑼聲甫響起
戲夢春秋千萬里
劇終人散兮

【一三九】知遇（11.21）

異域逢故知
典範悲憫以開智
風勁悅新枝

【一四〇】行吟（11.21）

樹下獨徘徊
天地同在心開懷
隨順把葉摘

【一四一】開懷（11.22）

塵囂隨風逝
澗水潺潺偶成詩
喜樂嚐秋實

【一四二】心怡（11.22）

松林鳥鳴囀
風雲相伴貴以專
山高水長傳

【一四三】平心（11.22）

水盡波無痕
百川匯海氣象新
星月照乾坤

【一四四】波紋（11.22）

生命水中花
回眸瞬間難入畫
暗自洗鉛華

【一四五】喜樂 (11.22)

前塵自茲去
吟詠抒懷添逸趣
憶念當可取

【一四六】歲月 (11.22)

翠谷鳥啼鳴
暮秋雲雨訴衷情
白首猶可頌

【一四七】道情 (11.22)

風和日當中
雲采飛揚彈慕情
落華意相送

【一四八】送別 (11.22)

人生有時盡
白髮送黑淚滿襟
靜夜夢痕深

【一四九】平淡(11.22)

晚秋水向東
平實內斂遠爭鋒
樂活諸事通

【一五〇】眞相(11.22)

若非真醞釀
無風何來三尺浪
探源破假象

【一五一】滄桑(11.22)

前塵追想曲
過眼雲煙灰灰去
憶往猶青綠

【一五二】秋實(11.22)

足下耕其耘
日月星辰風霜盡
秋來更可親

【一五三】記憶（11.23）

生命的拼圖
頻頻回首來時路
圓夢安有苦

【一五四】懷親（11.23）

屋角斜陽外
櫻樹年年花盛開
慈顏已不待

【一五五】重逢（11.23）

聚首於添財
重洋遠隔數十載
相會把心開

【一五六】鄉情（11.23）

山城變乾坤
風華再現展新貌
舊道無故人

【一五七】逸致（11.23）

入山尋幽趣
風濤竹韻譜戀曲
出山抛遠慮

【一五八】風範（11.23）

長者身影兮
雨露同霑零距離
典範越夙昔

【一五九】律動（11.23）

相等受尊重
萬物同生以共榮
大地猶昌盛

【一六〇】看戲（11.25）

化性以入鏡
棚裡戲外兩樣情
出鏡顯人性

【一六一】演戲（11.25）

入木三分情
悲情喜感融匯通
下戲放歌行

【一六二】劇本（11.25）

故事小解構
神來一詞脫口秀
滿場笑翻透

【一六三】秋情（11.26）

臨秋泣寂寥
楓紅含淚隨風飄
憶念與時雕

【一六四】散心（.11.27）

牽絆瀟瀟去
雲天水色映成趣
放懷來一曲

【一六五】 惜緣 (11.27)

雲端嘗請益
冥陽相隔空回憶
俳句緣依依

【一六六】 心念 (11.28)

世道多沉淪
福田播種勤耕耘
河清自修身

【一六七】 傳承 (11.28)

步隨身影稀
風範猶存性乃依
承襲不墜兮

【一六八】 獨孤 (11.28)

彳亍天地間
斜陽相伴暮雲閒
簫聲刻正傳

【一六九】隨想（11.29）

有道添祥豐
迷津引渡臥長虹
遺風續昭明

白月

【一七〇】冬初（12.03）

窗外雀鳥鳴
聲聲入耳覺夢醒
朝露珠玉瑩

【一七一】世情（12.03）

世道若沉淪
落寞番薯無聞問
人心何振奮

【一七二】暖冬（12.03）

魚雁杳絕跡
雲端傳輸燃新機
淚珠垂欲滴

【一七三】和弦（12.04）

簫聲任悲涼
荊棘之道話滄桑
笛韻怎悠揚

【一七四】感傷（12.05）

山外故人來
今不若昔把心哀
重振更何待

【一七五】詠懷（12.05）

神傷志未泯
相知長伴古琴韻
典範將步塵

【一七六】郊道（12.13）

暖冬清氣爽
竟日逍遙把心放
山水任徜徉

【一七七】悅心（12.13）

放懷天地間
雲山相疊竟日閒
重逢舊識歡

【一七八】樂活（12.13）

迎風暢心懷
舉目欣見芒花開
他日爾再來

【一七九】偷閒（12.13）

那羅相唔歡
巧雲含笑送冬暖
快意方寸間

【一八〇】啓蒙（12.13）

師繼芭蕉風
文學地景相輝映
一圓俳人夢

【一八一】藝文（12.13）

尖石暢文風
八方英才詩壹同
那羅播藝景

【一八二】天地（12.14）

遠峰靜如思
天圓地方古今似
近水清若溪

【一八三】圓融（12.15）

那羅山水情
文林詩路族群通
尖石原鄉夢

【一八四】懷舊（12.16）

那羅溪織夢
文采璀璨詩意風
尖石念真情

【一八五】完滿（12.16）

文思意趣濃
繞行步道走天空
地景湧入鏡

第二輯　二〇一九年

蔥月

【一八六】小寒 (01.06)

天寒地未凍
撫今追昔過暖冬
雲端意會通

【一八七】冬暖 (01.06)

雪中炭頻送
鬱卒困頓難過冬
黃葉楓滿徑

【一八八】雲遊 (01.06)

雲氣雨濛濛
峰巒重疊畫入境
茶韻香濃濃

【一八九】行吟 (01.07)

黃葉日影長
櫻花步道桂飄香
鳥蹤樹間藏

【一九〇】放下 (01.07)

百川匯流東
人生境遇本異同
轉念諸事通

【一九一】霧氣 (01.08)

濡墨渲山水
逸趣迭生與時推
迷濛出翡翠

【一九二】散心 (01.10)

山櫻初綻放
方外清境氣舒爽
離塵雜念光

【一九三】冷寂 (01.10)

遠塵喧囂滅
音信杳然怎堪別
山外巒相疊

【一九四】山情 (01.10)

山徑尋鳥蹤
樹籟風鳴何來空
方外聞寺鐘

【一九五】慢活 (01.10)

魚樂水中天
超群脱俗靜為先
風籟梅林間

【一九六】偷閒 (01.10)

入山把心開
乍見春櫻樂開懷
喜悦風裡來

【一九七】無憂 (01.10)

大地任爾行
居無定所何須宮
瀟灑方寸生

【一九八】 悠然 (01.10)

佇立天地間
無所來去何等閒
坐看臥佛山

【一九九】 忘憂 (01.10)

縱情山水中
心湖壯瀾影無蹤
倏忽轉頭空

【二〇〇】 無言 (01.11)

天青心更清
看似有形卻無形
望空白雲中

【二〇一】 靜心 (01.11)

山寂風偃息
鳥雀無鳴水一滴
止念有所依

【二〇二】滄桑（01.16）

熟識的陌生
且行且遠且凍情
夕陽幾番紅

【二〇三】緣分（01.16）

巧遇無意間
相逢總是續前緣
共話有情天

【二〇四】浮雲（01.16）

漂浪的旅人
天地幕席本家常
瞥見日西沉

【二〇五】友情（01.16）

共步送別坡
離情依戀心難捨
迎風高唱歌

【二〇六】詠懷 (01.16)

無求品自高
傲然而立迄今朝
靜寂迎浪濤

【二〇七】念舊 (01.17)

回首來時路
煮茗共話喜相遇
重溫回憶錄

【二〇八】懷君 (01.17)

冬夜長憶君
斯人遠逝遺風存
再見猶可親

【二〇九】懷友 (01.17)

音信常無影
遙想祝願轉飛鴻
松子落滿徑

【二一〇】閒暇 (01.17)

心湖波去痕
清閒雅興賽浮雲
落葉相飛吻

【二一一】冬夜 (01.17)

寒風扣西窗
暮色低首催斜陽
冷雨盪迴腸

【二一二】摯誠(01.17)

心誠訴真言
關山迢遙憶盈滿
聞道何畏寒

【二一三】調適 (01.17)

寄語水長東
心無別念情於衷
山徑聞松風

【二一四】清心 (01.18)

無事心門開
春櫻展顏更何待
詩與還復來

【二一五】冬陽 (01.18)

冷冽風中傳
冬日送暖滿心田
溫熱好驅寒

【二一六】應合 (01.18)

領會何有失
心犀相通怎礙事
篤行該踏實

【二一七】隨順 (01.18)

隨緣自其然
強摘之果未有甜
巧雲忒安閒

【二一八】無言 (01.18)

心鎖自緊閉
莫管世情多詭異
禍福交相替

【二一九】有心 (01.18)

願力由衷生
荊棘之道固難行
足下早登峰

【二二〇】冬景 (01.18)

煙雲刻出塵
冷冽寒雨雀藏身
風籟傳乾坤

【二二一】無憾 (01.18)

人若得其所
心有依止情付託
諸事皆著落

【二二二】有節 (01.19)

扶風上青雲
進退有度典範存
文學引渡人

【二二三】憶友 (01.19)

往昔共相偕
落日故人今安在
望天徒傷懷

【二二四】淡然 (01.19)

塵外獨漂浪
一地相思情兩樣
隻身又何妨

【二二五】有容 (01.19)

共生助脱困
臨水窮處波無痕
寬大以解運

【二二六】懷遠 (01.19)

靜夜簫聲傳
思慕遠人情貴專
心海頻呼喚

【二二七】懷鄉 (01.19)

遠鄉數十載
日月更迭情未改
遙想春櫻開

【二二八】鄉戀 (01.19)

山在天一方
狀似雞籠名四揚
心靈那原鄉

【二二九】道情 (01.19)

心語話滄桑
天行其健勤療傷
智海共舟航

【二三〇】 欣然 (01.19)

天雨心不雨
冷靜以對諸境遇
喜樂常相與

【二三一】 放懷 (01.21)

葉枯枝枒離
生命瞬間聞太息
凌空隨風兮

【二三二】 望遠 (01.21)

咫尺難見風
山高月闊鴻鵠情
天涯卒追夢

【二三三】 眞性 (01.21)

心犀意會通
即興填詞把詩誦
暢快逸趣同

【二三四】 聚會 (01.21)

往事頻流連
歡愉聚首話當年
別後總繫念

【二三五】 寒天 (01.22)

舉目霧茫茫
四野寂寥風徬徨
望山白蒼蒼

【二三六】 獨處 (01.22)

長夜伴孤燈
尋文覓字詩句成
雅趣怎畏冷

【二三七】 心語 (01.22)

有道離塵遠
淡然處世歸本源
隨順償宿願

【二三八】樂活 (01.22)

堤外迎風行
藍鵲草間踱方步
寒冬賦雅興

【二三九】有情 (01.22)

秉性懸殊異
行為舉止難歸一
格局高又低

【二四〇】遙念 (01.22)

心繫嚴慈恩
寬人嚴己尚可親
思量步後塵

【二四一】心性 (01.23)

德風滋潤草
和貴為尚仰彌高
善水無爭道

【二四二】 詠梅 (01.23)

白梅笑靨展
芬芳爭吐不爭豔
松竹共歲寒

【二四三】 冬遊 (01.23)

晴日浮生閒
欣見白梅佇溪畔
倩姿鏡頭前

【二四四】 樂天 (01.23)

清塵寫意時
風霜雨露皆為詩
終了無憾事

【二四五】 知命 (01.24)

倏忽半百渡
知所從來歸何處
造命以安住

【二四六】 山水 (01.24)

山窮路迴轉
天光雲影共斑斑
水盡碧波見

【二四七】 文情 (01.24)

文采貴以專
下筆成章端賴信
情境意在純

【二四八】 欣賞 (01.24)

寒梅枝頭放
冷洌孤傲日月長
風裡韻味張

【二四九】 憶往 (01.28)

晃眼數十載
前塵煙景舒滿懷
爾今還復來

【二五〇】清氣 (01.29)

天清神氣爽
喬嶽連緜挺雄壯
放懷把歌唱

【二五一】往事 (01.29)

樹籟捎風信
清境隱遯夢回溫
孤雲伴前塵

【二五二】山情 (01.30)

冷冽霜露白
朝霞不請還自來
晨霧心花開

【二五三】戀山 (01.30)

朝曦寒露濃
喬嶽峻嶺峰連峰
靈臺頓清明

韭月

【二五四】 近山 (02.01)

嶺嶽橫東隅
巍峨高聳喜相遇
近悅拋遠慮

【二五五】 山光 (02.01)

晨曦東方白
乍然見光樂開懷
松林迎風籟

【二五六】 山景 (02.02)

日出大山巔
鏡頭攝取莫流連
晴美入心田

【二五七】 山晨 (02.02)

天行健如斯
放光普明何藏私
步塵不二思

【二五八】 山風 (02.02)

開眼朝陽見
止念泰然意深遠
冷冽風乍現

【二五九】 鶯豔 (02.06)

山道蜿蜒兮
喜來造訪杉林溪
群櫻美盼悉

【二六〇】 天晴 (02.06)

喜納芬多精
天造地成鬼斧工
安步迎松風

【二六一】 晴美 (02.07)

晨曦嶺上光
天晴杉林好氣爽
清靜遊有方

【二六二】　安閒　（02.07）

光影疏密間
碧水天地入眼簾
清淨譜悠閒

【二六三】　清天　（02.07）

晴朗賦新意
櫻群杉林共一體
順心情依依

【二六四】　境地　（02.07）

晴日畫入鏡
遠山近處水無蹤
望空賦詩興

【二六五】　沉靜　（02.08）

蒼穹湛藍深
走回自然信以真
舉目滿杉林

【二六六】花讚（02.08）

無相吐芬芳
花言花語沁心香
有道尋華鄉

【二六七】天工（02.09）

密境尋幽處
瀑布瘦身值水枯
雅興何減初

【二六八】花語（02.09）

朝露珠圓潤
展顏暢懷圖更新
清塵入爾心

【二六九】樂山（02.09）

杉林住滿山
高聳挺立把心安
放眼抒懷觀

【二七〇】櫻景（02.09）

爭吐未爭艷
繁花似景風來亂
相看兩不厭

【二七一】山語（02.10）

山林本一體
遠觀近看兩相宜
何必分東西

【二七二】水色（02.10）

幽谷碧水藏
空濛清境心安詳
翠峰綠意揚

【二七三】偷閒（02.10）

浮生古稀渡
徜徉山水得不孤
尋幽探秘處

【二七四】得樂（02.10）

家眷相偕行
人生難得盡爾與
天地同入鏡

【二七五】懷山（02.10）

杉林溪客旅
遠山靜觀山不語
鳳凰谷悄敘

【二七六】水情（02.10）

淡蘭古道行
翠峰幽谷綠水中
再會幾時重

【二七七】問山（02.10）

近水放心懷
滌塵除埃雜念排
離峰清境開

【二七八】問水 (02.10)

關係與時推
載舟覆舟皆由水
境遷難以回

【二七九】記憶 (02.15)

時間的扉頁
聲音逗留在原野
千古清風夜

【二八〇】漂浪 (02.16)

海天任爾行
隨緣順興寄遊蹤
何言必於宮

【二八一】慢行 (02.16)

和風舒襟袖
節奏放緩堤外遊
閒愁向東流

【二八二】 快活 (02.16)

放懷把歌唱
風清雲淡好搭檔
吟詠日月長

【二八三】 消長 (02.16)

漲退有時盡
朝來暮去明乎心
浮世了無痕

【二八四】 生命 (02.21)

紅塵牽絆多
逍遙自在有幾何
但念芭蕉者

【二八五】 入山 (02.21)

滌塵雜念消
煩思遠颺風雨飄
離群覓圭臬

【二八六】出山（02.23）

風濤傳春訊
心境調和圖更新
雨露同均霑

【二八七】離情（02.23）

別意湧心頭
此去順風莫牽愁
且問憶長久

【二八八】投緣（02.23）

舊識喜相逢
品茗共話前塵中
促膝幾多重

【二八九】識趣（02.23）

風行樹叢間
藍鵲群棲相為伴
天地何等閒

【二九〇】 隨緣 (02.23)

得識方寸開
起滅無常人自在
深淺總釋懷

【二九一】 祈願 (02.23)

平野千里闊
舟楫擺渡逍遙過
紅塵牽掛落

【二九二】 人生 (02.23)

聚散本無常
了然若此莫惆悵
天海各一方

覓月

【二九三】 悅讀 (03.02)

心弦譜雋文
書香遠傳咫尺近
隨興聞清音

【二九四】身影 (03.02)

文學引渡者
因緣合和甚難得
無盡光與熱

【二九五】相知 (03.02)

文海浩瀚兮
千尋萬找有幾奚
念識相左稀

【二九六】窗口 (03.03)

視障者天空
音符對話成躍動
琴韻悠揚中

【二九七】隨想 (03.04)

來路煙灰滅
浮生樂活夕陽斜
彩雲任爾摘

【二九八】寒冷（03.05）

寒夜雨低垂
詩文有韻意有味
冷風放慢追

【二九九】漫遊（03.09）

浮生半清閒
細數春雨絲不斷
鷗鳥應未眠

【三〇〇】曾經（03.10）

櫻花步道行
步履留痕青春夢
清風吹不生

【三〇一】春意（03.12）

春寒甫越冬
雲山霧峰巒朦朧
攬勝幾時重

【三〇二】 春遊 (03.13)

童心未泯哉
天在地在嬉戲在
稚趣滿承載

【三〇三】 怡性 (03.13)

風濤排解憂
山巔水涯任爾遊
樹籟逐閒愁

【三〇四】 山情 (03.14)

荒徑人蹤滅
山寺煮茗暫停歇
寒林鳥未絕

【三〇五】 春色 (03.14)

漫山雲雨中
藍鵲隱身遯樹叢
珠玉透晶瑩

【三〇六】夜雨 (03.14)

靜夜雨默言
冷風一別不復還
俳興賦清閒

【三〇七】春夜 (03.18)

隨興筆下文
夜來風雨無聞問
面窗任清塵

蕥月

【三〇八】春景 (04.14)

蝴蝶花上飛
輕盈曼妙把風推
痲雀草地追

【三〇九】黃昏 (04.14)

牧歌滿四野
彩霞漫天斜陽歸
暮色與時堆

【三一〇】無語（04.15）

春夜風低首
寒雨淚灑氣乏力
有道情難守

【三一一】莫言（04.20）

無語何必問
青天常在苦常悶
有話肚裡吞

【三一二】望天（04.21）

春華正逢時
雨露同霑豈可失
自然為爾師

【三一三】雲煙（04.21）

過往如斯兮
扉頁遍尋終無跡
隱遁春風裡

【三一四】喜樂 (04.21)

煩愁遯身影
清音曼波迎東風
談笑話今生

【三一五】時雨 (04.21)

冥冥固有期
甘霖現身旱驅離
眾生迭相惜

【三一六】行旅 (04.21)

春山路遙迢
步履留痕遠塵囂
茶敘心相照

匏月

【三一七】雨景 (05.20)

行水濺如飛
春霖做美花帶淚
乍風漣漪推

【三一八】 小滿 (05.21)

荷風未曾歇
蛙鳴聲聲清夢覺
水蓮毋從缺

【三一九】 夜問 (05.23)

聽一聲蛙鳴
菡萏搖曳百媚生
留四分清醒

【三二〇】 單示 (05.25)

影孤伴行者
筆下春秋何其多
山高月更闊

【三二一】 風水 (05.25)

海濤節奏靜
世路紛岐磐石定
南風旋律同

【三二二】夏思(05.26)

天雨欲哭吶
雀鳥樹間避作答
淋身煞瀟灑

【三二三】夜行(05.26)

白日西斜遠
遙聞洞簫刻頻傳
黑夜正悠閒

【三二四】默然(05.26)

風中信無息
煙雲悵然遠飄移
浪跡何處兮

【三二五】寂然(05.26)

丘壑雲深處
驀然乍見飛流瀑
彳亍行旅途

【三二六】知音 (05.27)

明月樹間照
林下對奕興緻高
清泉石上過

【三二七】涼夏 (05.27)

傘下安步閒
天雨花間珠玉圓
市囂離心遠

【三二八】人生 (05.27)

生命一過客
娑婆世界蹉跎多
了然心海闊

【三二九】山色 (05.27)

雲山霧濛濛
荒草漉漉怎堪行
喃喃風側鳴

【三三〇】心聲（05.28）

渾水遍地滾
濁氣難消心低沉
清流何處尋

瓜月

【三三一】祝禱（06.01）

烏雲佈滿天
大地生靈淚眶盈
翹首盼啓明

【三三二】看破（06.01）

昏天暗地哉
清濁未分解難開
閒鶴不復來

【三三三】解脫（06.02）

清議杳無蹤
放懷山林解鬱衷
方外聞寺鐘

【三三四】渾沌（06.02）

盲目竟日追
塵囂漫天與時推
興嘆不如歸

【三三五】夏景（06.03）

風起樹梢頭
蛙鳴一聲解輕愁
蓮池思更稠

【三三六】夏蟬（06.03）

蟬鳴出樹間
節奏旋律滿林園
風行涼夏天

【三三七】即景（06.04）

夏雨倏忽下
荷塘孕詩乍見蛙
菡萏孤挺花

【三三八】空山 (06.04)

夏山雨濛濛
藍鵲雙雙憩樹叢
松下漉漉行

【三三九】詠蓮 (06.05)

慈顏永駐兮
荷塘波紋風正起
芙渠唯心依

【三四〇】晴夜 (06.05)

夜低吟莫愁
萬籟漸寂月如鉤
斯人安適否

【三四一】湛然 (06.08)

人殘心不殘
忘卻痛楚有情天
真愛滿世間

【三四二】悠然（06.08）

青山半日閒
蟬鳴聲聲闖心田
林盡小隱潭

【三四三】怡然（06.08）

林徑苔蘚路
飛瀑隱潭藏奧處
靜心者留步

【三四四】雷鳴（06.09）

平地雷一聲
喚醒沉睡的精靈
淨土護終生

【三四五】蟬歌（06.09）

知了憾事無
忘情高歌綠蔭處
聽唱忒感觸

【三四六】　漂鳥（06.09）

芳草暫憩息
天空地廣任漂移
歸程幾度稀

【三四七】　思塵（06.13）

倦鳥何所棲
詠懷原鄉終不棄
千雕萬塑憶

【三四八】　憶往（06.13）

墨餘隨筆傳
一頁泛黃成追念
往昔更爭鮮

【三四九】　長鳴（06.20）

忽地雷鳴聲
南柯有夢迭驚醒
豈敢沉睡中

【三五〇】短唱（06.20）

風雅猶可頌
煮茗話舊爾盡興
忽聞夏蟬鳴

【三五一】夏至（06.21）

薰風悄然至
暑氣逼人萬物知
街市行人止

【三五二】生趣（06.23）

菡萏迎風追
荷塘春色綠翡翠
愛蓮與時堆

【三五三】清閒（06.23）

初夏綠海波
隨風起舞曼步多
塵俗刻解脱

【三五四】觸景（06.23）

綠濤風生波
花語無言奈爾何
大塊詩韻落

【三五五】荷塘（06.24）

綠波風萬情
含苞菡萏無語中
意韻相與通

【三五六】偶得（06.25）

南風詩句飛
荷塘萬叢綠翡翠
蛙鳴清閒歸

【三五七】心潔（06.25）

淨植本於根
身處汙泥不染塵
謙謙何似君

【三五八】花語 (06.25)

亭立天地間
內韻外釋氣淑賢
金容獨愛憐

【三五九】雨情 (06.25)

沐雨心扉開
洗盡塵囂好除埃
芙蕖任風來

【三六〇】遠觀 (06.25)

濂溪獨愛蓮
風姿綽約香氣遠
君花入心田

【三六一】荷夏 (06.27)

笑靨迎南風
蓮池協奏蛙和鳴
初夏添盛景

筍月

【三六二】 隨緣（07.09）

高山琴韻埋
緣起緣滅堪自在
流水知音蓋

【三六三】 回歸（07.10）

清流何處尋
田園將盡當歸隱
南風戀詩魂

【三六四】 思隱（07.10）

滌塵雜思遁
江湖縱橫意念醇
夏雨漂遊吟

【三六五】 絕塵（07.13）

公義根猶存
番薯葉落長詩魂
濁流漸西沉

【三六六】遠行（07.15）

路遙莫思停
南風偏遠斷蟬鳴
足下千里行

【三六七】沉吟（07.21）

開謝有時盡
人無來去當無痕
含笑送煙塵

【三六八】夜語（07.27）

生涯終將盡
步履踏實去根塵
遙望滿星辰

【三六九】消暑（07.28）

酷暑難以擋
山澗漂萍水更長
風來心境涼

【三七〇】雷雨（07.28）

烏雲遮天日
閃電乍起雷鳴至
驟雨當自知

【三七一】賞荷（07.28）

迎風展笑靨
花容入鏡何以歇
沐雨不言謝

【三七二】夏晴（07.31）

天清神氣爽
雲煙匿蹤直漂浪
風裡把歌唱

【三七三】心船（07.31）

心似江上舟
無煙無波無淡愁
情狀難猜透

芋月

【三七四】思親（08.08）

嚴父駕鶴兮
春發木長永清晰
夜深暗低泣

【三七五】煙雲（08.09）

世事薄如煙
滄桑舟楫有情川
秋風薄似嵐

【三七六】餘暉（08.09）

秋山日影斜
暮雲曼波層相疊
晚風扶落葉

【三七七】孤棹（08.09）

心海一扁舟
俳句相伴引渡頭
文林自優游

【三七八】 慢行 (08.09)

步履無快意
迎風吟唱總相宜
清雲獨飄逸

【三七九】 識見 (08.10)

新月照心湖
一體同觀境界出
高下安自處

【三八〇】 劇本 (08.10)

人生如戲夢
照本演出意會通
甦醒大不同

【三八一】 孤寂 (08.10)

形單夜更隻
心海泛舟何依止
微曦忽掩至

【三八二】 圓夢 (08.10)

堂奧前靜待
文學引渡路自開
興致隨筆來

【三八三】 逝水 (08.10)

花開花又謝
南風撫慰枯黃葉
孤鴻見一瞥

【三八四】 上道 (08.13)

夏雨滌征塵
故鄉風月夢中尋
足下步履痕

【三八五】 思凡 (08.13)

禁語林中坐
無緣離枝飄飄落
鳥鳴一聲過

【三八六】 止念 (08.13)

漣漪止方寸
柴扉煮茗話前塵
松下獨孤人

【三八七】 心戀 (08.14)

晚風端斜陽
秋花慘澹秋草黃
懷思日夜長

【三八八】 心鎖 (08.14)

闇闇內含光
耿耿秋燈秋夜長
離棄苦難當

【三八九】 心思 (08.14)

悠思任更迭
那堪冷落清秋夜
記憶添一頁

【三九〇】 心悅 (08.14)

青楓換紅妝
漫山秋色滿天光
秋蟬聲嘹亮

【三九一】 心境 (08.14)

無風喜浪平
閒雲消愁秋山靜
乍見楓又紅

【三九二】 風平 (08.15)

草間本無事
秋蟲爭鳴不爭食
自然譜成詩

【三九三】 風聲 (08.15)

流雲歸似箭
秋山行旅路迢遠
舉目九重天

【三九四】風言 (08.15)

韶華留無痕
秋風秋雨念故人
黃葉總低吟

【三九五】風行 (08.15)

秋雨莫等閒
漫山楓紅滿目見
一葉相思牽

【三九六】花語 (08.16)

西風造閒愁
梧桐深院鎖清秋
何來渡煩憂

【三九七】花色 08.16)

蘆葦過人高
芒花滾滾浪如潮
風裡秋意老

【三九八】花容（08.16）

倚閭盼君歸
彩雲飛處雁群追
楓紅淚低垂

【三九九】花情（08.18）

天階月色新
滿徑楓紅無人問
露臺心緒沉

【四〇〇】閒雲（08.31）

朝顏戀秋風
露鳥溪洲巧相逢
暮靄擁秋雨

附錄一

臺灣俳句思想起——日治時期的臺灣俳句概述

緒言

一八九四年中日甲午戰爭清廷戰敗，翌年四月十七日，日本首相伊藤博文、清朝大學士李鴻章代表中日雙方，於日本下關簽訂《馬關條約》，將臺灣、澎湖割讓給日本。同年六月十七日，日本治臺首任總督兼海軍大將樺山資紀率文武百官於臺北巡撫衙門舊址，舉行「臺灣總督府始政典禮」。就從這一天開始，臺灣進入所謂的「日治時期」。而臺灣也就此歷經明治、大正、昭和等三個日本天皇的時代。

隨著日本的治理臺灣，日本傳統詩歌和歌和俳句、短歌也如影隨形來到臺灣。至於日人在臺灣創作的傳統詩歌主要還是以和歌俳句為主。是由五七音節交錯而成，和歌為五七五七七，俳句則為五七五，其特徵有二，一是短小，二是微觀或稱精煉。

臺灣在進入日本統治時期以後，日本媒體刊載相當多漢詩、俳句和短歌創作；但同時也正好是日本「新體詩」蔚為風潮的時期。許多創作新詩的詩人，也同時是漢詩、俳句或短歌的創作者。日治時期的新詩只是詩人藉由創作表現不同於過去的時代氛圍與思想，傳統詩型的漢詩、俳句、短歌，並非較落後或是不進步的一端。

日治時期在臺日人島田謹二已完成《華麗島文誌》大部分篇章，惟除開伊良子清白和西川滿的新詩外，書中多著墨在漢詩、俳句、短歌方面的成果。

若欲了解日治時期臺灣俳句的發展，中國文化大學日本語文學系沈美雪副教授從二〇〇九年至二〇一八年在《臺灣日本語文學報》、《淡江日本論叢》、《臺灣日語教育學報》先後發表相關論文各兩篇，共計六篇。論文內容涵蓋明治、大正、昭和三個時代臺灣俳句的發展脈絡，也涉及到關係臺灣俳句發展重要的人事物，是不可多得的重要參考文獻。

沈美雪與臺灣俳句相關的論述

日本俳人殘夢庵窗雨於一八九七年來臺，創組「臺灣俳句會」，為臺灣有俳句會的初始，從此揭開臺灣俳句發展的序幕，迄今已有一百二十餘年的歷史。其後的發展逐漸形成以渡邊香墨帶頭的《臺灣民報》日本派以及殘夢庵窗雨主導的《臺灣日日新報》俳壇的月並派等新舊派對壘的局面。

由《臺灣新報》與《臺灣日報》兩報整併而成的《臺灣日日新報》於一八九八年五月六日開始發行，是日治時期最大報，也是發行最久的報紙（一八九八至一九四五）。該報從一八九八年七月到一九〇一年十二月前後分六次登報募集俳句，可視為報紙推廣俳句的濫觴。

俳句在臺灣發展之初，就如同其他文學的發展，只有日本人唱獨腳戲，臺灣人根本沒有機會參與。沈美雪的論文〈俳句中「臺灣趣味」的形成——明治初期臺灣俳句之受容與發展〉，旨在強調明治初期臺灣俳句的受容與發展主要聚焦在「臺灣趣味」的形成。至於

〈諏訪素濤編俳誌《熱》與本島俳人作家——大正前期臺灣俳壇與日本俳壇的交流〉則在揭櫫大正前期外地（臺灣）俳壇與內地（日本）俳壇的交流，這種外地和內地交流的熱況，即便是當時的兒童文學界也是如此。

在影響臺灣俳句發展的重要指標事件之一的是沈美雪在〈河東碧梧桐與句會「綠珊瑚」會——新傾向俳句在臺灣之發展〉中的靈魂人物河東碧梧桐（一八七三—一九三七）。他是俳人，也是隨筆作家，更是被譽為「明治時代俳句大師」正岡子規（一八六七—一九〇二）的得意門生之一。他於一九〇二年繼正岡子規之後擔任《新聞日本》俳句欄編輯，一九〇五年開始推廣不依五七五調而作的新傾向俳句。為要推廣新傾向俳句，於一九〇六年起至一九一一年間，二度進行全國俳句行。河東碧梧桐曾在一九〇八年植根於臺灣縱貫鐵路完工的取材而來到臺灣，受到俳人們的熱烈歡迎，藉此難得機會，與俳人舉行句會。

明治末年的臺灣俳壇，適逢「相思樹」與「綠珊瑚」會的兩派對立，後者自河東碧梧桐來臺後歸屬碧梧桐派，同時也以新季題的發現與開發為目標，藉此吸引眾多俳人的支持。「綠珊瑚」會的靈魂人物小林李坪致力於推廣新傾向俳句，更且在一九一〇年出版紀錄臺灣風土的日語俳句歲時記《臺灣歲時記》一書。

碧梧桐因緣際會的來臺，影響所及，導致「相思樹」與「綠珊瑚」會兩派勢力的你消我長；此外，碧梧桐的新傾向俳句運動也順勢成為觀察明治末期臺灣俳句發展的重要指標之一。碧梧桐的新傾向俳句運動固然促成臺灣俳句界於明治末期臻於巔峰，可卻在大正初期急速衰退；即便如此，在大正初期，有關臺灣季題的開拓依然是俳句創作的重點，絲毫沒有受到新傾向俳句運動衰退的影響。

日治時期的俳句雜誌

俳句雜誌是俳人發表俳作的主要場域，根據日人裏川大無在〈臺灣雜誌興亡史〉提及有關俳句雜誌的部分，從明治到昭和依次如下：

明治時期：

一、《臺灣文藝》：月刊。由在臺日人組織的臺灣文藝社於明治三十五（一九〇二）年四月發行，主編村上玉吉，以高橋雨系的譚林俳句為主。

二、《相思樹》：月刊。明治三十七年（一九〇四）五月創刊，主編服部烏亭，係以俳句為主的文藝雜誌，三卷十一號後改由岩田嗚球主編，明治四十三（一九一〇）年二月六卷四號停刊。《相思樹》係 hototogisu（子規）系的俳句雜誌，被視為臺灣俳句雜誌的濫觴，岩田嗚求係當時三井物產彰化支店長，裏川大無認為他是奠定臺灣俳壇基礎者。

三、《綠珊瑚》：月刊。明治四十（一九〇七）年五月於臺北創刊，明治四十四（一九一一）年三月五卷二號停刊，係新傾向俳句雜誌，由諏訪素濤主宰，編輯者渡邊常三郎。為明治時期文藝雜誌的代表，該雜誌的創刊動機是受到來遊臺灣的河東碧梧桐新傾向派俳句的影響所致。

裏川大無提到從明治時代進入大正期，大正期發行的文藝雜誌，以《尤加利》為代表，被視為臺灣文藝雜誌的橫綱之一。

大正時期：

一、《尤加利》：月刊。大正十（一九二一）年三月創刊，山本昇主編，專登俳句。昭和二十年（一九四五）四月停刊，為日治時期發行刊期最久的俳句雜誌。

二、《麗島》：月刊。大正十四年（一九二五）一月臺北麗島詩社創刊，為諏訪素濤創辦的個人俳句雜誌，諏訪忠誠編輯。昭和三（一九二八）年九月第四十四期終刊，內容以俳句為主。裏川大無認為諏訪素濤對俳句雜誌的持續刊行的努力頗受敬服。

（三）《蕉風》：大正十四年（一九二五）十一月為臺南蕉風吟社創刊，屬於舊派的蕉風派。

昭和時期：

（一）《樗》：昭和三年（一九二八）十二月臺南樗吟社創刊，松井我川主宰的俳句雜誌。

（二）《れんむ》：昭和四年（一九二九）臺中れんむ吟社同名的《れんむ》俳句創刊，該雜誌係由臺中的服部又一編輯，而後將同地創刊的《新高》、《白鷺》兩俳句雜誌合併。

（三）《寫生》：月刊。昭和四年（一九二九）十月臺北碧榕社發刊，係以臺灣銀行員工為主的俳句雜誌。山本岬人編輯，標榜純客觀寫生的創刊宗旨，其後，主宰者為hotogisu系的水原秋櫻子，轉向所謂的馬醉木系，昭和八年（一九三三）十月六卷十一期廢刊。

（四）《竹雞》：月刊。昭和五年（一九三〇）臺中竹雞吟社創刊，發行人阿川昔，專登俳句。

（五）《殘夢》：月刊。昭和七年（一九三二）十一月臺北殘夢發行所創刊，吉川李月編輯，專刊俳句。

（六）《霸王樹》：月刊。昭和八年（一九三三）一月臺北幸榮俱樂部創辦，係以俳句為主的文藝雜誌，為中央研究所內之同好發行，同年十二月停刊。

（七）《如月會句集》：月刊。昭和十三年（一九三八）三月八日臺南坪內良一創辦，專刊俳句。

以上係以俳句為主或專刊俳句的月刊，日治時期還有若干刊有俳句的文藝雜誌，其中包括臺灣新文學作家創辦的雜誌在內。

（一）《臺灣文藝》：月刊。臺灣文藝聯盟機關刊物，編輯人兼發行人張星建，昭和九年（一九三四）十一月五日創刊，刊有少數俳句與短歌，葉定城〈『竹雞』抄〉、浪石生〈內地之旅の句〉（二卷二號）、葉定城〈田園正月抄〉（二卷三號）。

（二）《文藝臺灣》：月刊。臺灣文藝家協會機關刊物。昭和十五年（一九四〇）一月一日創刊，編輯兼發行人西川滿。刊載較多俳句，塚越正光〈句帖又立〉（創刊號）、藤田芳仲〈雲雀〉（一卷二號）、原田憲次郎〈日記〉（六卷三號）、〈歸還日記〉（六卷六號）。

(三)《臺灣文藝》：月刊。臺灣文學奉公會機關刊物。昭和十九（一九四四）年五月一日創刊，編輯兼發行人長崎浩。刊有若干俳句，松田刻積〈平泉中尊寺〉（一卷二號）、〈旗桙〉（一卷五號、下村非文〈佛桑華〉、齋藤六郎〈醜虜來寇〉、山本孕江〈十三夜〉（一卷六號）、高須賀北南子〈千鳥〉、千代田古城〈鳩〉（二卷一號）等。

日治時期相關俳句集的出版

日治時期除了以上專刊俳句、或以俳句為主、或少許刊登俳句的文藝雜誌之外，也有少數幾本俳句集的出版。這幾本俳句集的出版時間都集中在昭和時期，也就是一九二〇年代末期。依次是昭和三年（一九二八）三上武夫編的《臺灣俳句集》，列為「尤加利叢書」第一編。在這本俳句集當中，收錄吳阿泉、陳壽珠、馮正樞等三位臺灣俳人四首作品；其次是昭和十年（一九三五）山本孕江、三上惜字塔編的《尤加利俳句集》，列為「尤加利叢書」第二編。其三是昭和十四年（一九三九）渡邊美鳥女編的《花蓮港俳句集》。另外還有三本包含俳句在內的句集，一是昭和十五年（一九四〇）渡邊美鳥女著的《綠句集》，一是昭和十七年（一九四二）山本孕江著的《山本孕江句集》，一是沒有著者與出版年的《逆瑩句集》。所謂「句集」是指集結連句、付句、發句、俳句等作品的書物。另有一說，是葉笛和張良澤在《吳新榮選集1》第一五八頁的譯註表示，「句集」就是「俳句集」。

綜上所述，有關俳句的雜誌從明治到大正到昭和每一時期都有，每一時期都有其代表性俳句雜誌，諸如明治時期的《相思樹》與《綠珊瑚》、大正時期的《尤加利》、昭和時期的《寫生》等，這幾份俳句雜誌至少都發行長達五卷以上。尤其在昭和時期，舉凡俳句雜誌、俳句集的創刊出版都甚於前兩個時期。而整個日治時期發行最久的俳句雜誌當推《尤加利》，長達二十五年之久。足見俳句在臺灣的推廣可說是根深蒂固。至於互別苗頭的《相思樹》與《綠珊瑚》則分別在明治四十三年與四十四年先後停刊，《相思樹》對《綠珊瑚》的批判之聲也隨著停刊而宣告終止。

在整個日治時期竟然有三本以「臺灣文藝」為名的刊物，一是由在臺日人組織的臺灣文藝作家協會的機關刊物《臺灣文藝》，一是由臺灣新文學作家組成的臺灣文藝聯盟機關刊物《臺灣文藝》，一是日治末期臺灣文學奉公會機關刊物《臺灣文藝》。

長達半世紀之久的日治時期雖然先後創刊十餘種與俳句有關的雜誌，可是相對於具有代表性的俳人卻是屈指可數，是否因為如此導致很少個人俳句集的出版，不得而知。再說，俳句是短詩，要累積相當數量的俳作才有可能集結出版成書。至於前述《臺灣俳句集》、《尤加利俳句集》、《花蓮港俳句集》等三本俳句集都是編輯成書的合集，反而有《綠句集》、《山本孕江句集》等二本個人寫作的句集。

臺灣作家與臺灣俳句

日治時期有關臺灣作家參與俳句的首推張耀堂，他生於明治二十五年（一八九二）九月十五日，卒於一九八二年。出身於日本東京高等師範學校，是當時臺北師範學校臺籍教諭，他固然是位師範教育家，同時也是一位多才多藝的文學家。古典文學（漢詩）與現代文學多所涉獵。左手創作，右手翻譯；大正十三年（一九二四）以後轉而以論述為主，幾年之間發表關於短歌俳句史、和歌史、新詩史、小說史、日本文學史、童話史、兒童文學研究、國語研究等相當大量的文學論述。「詩不僅為藝術而藝術，必須是為人生而藝術，為生活而藝術不可。」這就是張耀堂的詩觀。其所發表的場域包括《臺灣日日新報》與《臺灣教育雜誌》，前者主要刊登漢詩、兼及俳句、短歌等日本傳統韻文。後者是日治時期刊期最長的雜誌（一九二五—一九四三）。

繼張耀堂之後，被譽為「鹽分地帶文學集團領導者」的詩人吳新榮，生於明治四十年（一九〇七）十月十二日，大正十年（一九二一）中學就讀於臺灣總督府商業專門學校預科(臺南)，後轉入正科。大正十三年（一九二四）插班進日本岡山金川中學，大正十七年（一九二八）考取東京醫科專門學校，兩年後開始發表日文作品。其與俳句的關係遲至昭和十七年（一九四二）三月的成立「白柚吟社」俳句會，當月二十三日晚間，他與王登山、王碧蕉、林精鏐、林金莖幾位受邀到郡守五藤勇官邸與郡部官員一起討論成立俳句會事宜。郡守強調組織吟社的必要性，並說明俳句的概念。討論結果依吳新榮的提議，將俳句會命名為「白柚吟社」。每月第一、第三週六集會。該吟社句集於第二年起陸續發表日文俳句於《興南新聞》與《鳳凰》共二十首，。茲舉幾首為例：

放牛的牧童
插著甘蔗的花穗
騎在牛背上

牧童や甘蔗の穂插して牛に乗る

在開闊拓展
我們的鹽分地帶
野草在萌發

拓け行く鹽分地帶草崩ゆる

吳新榮的新詩和短歌作品不少，倒是創作的俳句只有二首，發表於昭和十七年（一九四二）八月三十日的《興南新聞》。

一行白鷺鷥
悠然地飛逝過去　　一連の白鷺とび行く日暮かな
日已黃昏吶

年輕的女郎
屁股高高地翹起　　乙女らの尻高らけて田植かな
正在插秧吶

呂興昌在〈巧妙的社會縮圖：郭水潭戰前新詩析述〉一文中提到：「同樣是鹽分地帶作家代表人物之一的郭水潭（一九〇八－一九九五）臺南佳里人，其一生的文學活動有相當多的部分是日本短歌、俳句的創作；大正十年（十五歲）就讀佳里公學校高等科便已從事短歌和排句的寫作。」此外，許俊雅在《足音集：文學記憶、紀行、電影》、周華斌在

〈日治時期鹽分地帶作家的短歌與俳句吟詠──以吳新榮、郭水潭、王登山及王碧蕉的作品為例〉的著作或文章中都同樣提到吳新榮、郭水潭、王登山及王碧蕉等四位，足見這幾位在大正或昭和時期都有從事俳句寫作的紀錄可循。王碧蕉曾在一九四三年寫過兩篇有關俳句的文章，一篇是〈俳句的大東亞性〉，發表於《俳句研究》四月號；另一篇是〈俳境句談〉，發表於臺灣總督府《臺灣時報》。

此外大正六年（一九一七）出生的周伯陽，任教新竹州公學校期間，適逢「皇民化時期」，以日文發表新詩、短歌、俳句等作品於《興南新聞》、《臺灣教育》、《臺灣藝術》、《時報文藝》、《新竹州時報》等報刊雜誌。其於昭和十五年（一九四〇）二月首作日文俳句〈二等〉。

至於就讀臺中一中三年級同期同學的張彥勳、朱實、許世清三位於昭和十七年（一九四二）共同發起成立的「銀鈴會」係臺灣中部文學團體，他們把自己的稿件裝訂成冊輪流傳閱，刊名《邊緣草》，作品包括新詩、短歌和俳句。詹冰後來也加入該會，就讀臺中一中五年級時，曾以一首日文俳句〈圖書館／出來就踩／黃落葉〉獲作文比賽第二名。有鑑於俳句是具有高度濃縮性的詩體，很合其脾胃，乃至影響其日後的詩風。

結語

綜上所述，整個日治時期臺灣俳句的發展前期，亦即從明治到大正時期，幾乎是在臺日本俳人獨角唱戲的階段，畢竟這是縱的移植，由日本隨著治理臺灣南進，甚至在臺灣生根發芽，締造臺灣俳句發展的第一個黃金時期。

臺灣俳句發展後期，亦即從大正到昭和時期，臺灣俳人才開始涉足俳句創作、創立吟社俳句會，俳句作品開始在《臺灣日日新報》、《興南新聞》、《臺灣教育》、《臺灣文藝》、《文藝臺灣》、《緣草》等報刊雜誌發表。

日治時期的臺灣俳句無論是在臺日本俳人或是臺灣本地俳人，他們彼此就在「共生的歷史」框架下共同促進其發展。對曾經促進日治時期臺灣俳句發展的臺日俳人所作的努力和奉獻，致上最高的敬意。換句話說，臺灣俳人在日治時期臺灣俳句的發展也曾留下可資研究參考的文獻。他們並沒有缺席，只是晚出聲而已，在這期間，經歷過「去中國化，再日本化」的語言學習過程，張耀堂、吳新榮、郭水潭、王碧蕉、周伯陽、張彥勳、朱實、許世清、詹冰等都將在日治時期臺灣俳句發展史上具有一席之地。

整個日治時期，從明治時期的日人創辦的《臺灣文藝》（一九〇二年）到昭和時期的臺籍中學生發起的《緣草》（一九四二年），臺灣俳句的發展可說是非常完整的紀錄臺日俳人共同努力的結晶，而完成臺灣俳句發展的史篇。

參考文獻

一、專書

1.《日文臺灣資料目錄》，國立中央圖書館臺灣分館編印，一九八〇年六月。

2.《日據時期臺灣文學雜誌總目・人名索引》，中島利郎 編，前衛出版社，一九九五年三月。

3.《臺灣詩史「銀鈴會」論文集》，彰化磺溪文化學會，一九九五年。

4.《臺灣詩人研究論文集》，呂興昌著，臺南市立文化中心，一九九五年四月。

5.《南瀛文學家 吳新榮選集1》，吳新榮 原著，葉笛、張良澤 漢譯、呂興昌編訂，臺南縣立文化中心，一九九七年三月。

6.《南瀛文學家 吳新榮選集2》，吳新榮 原著，葉笛、張良澤 漢譯、呂興昌編訂，臺南縣立文化中心，一九九七年三月。

7.《足音集：文學記憶・紀行・電影》，許俊雅著，萬卷樓圖書股份有限公司，二〇一二年五月。

8.《臺灣近代兒童文學史》，邱各容 著，秀威資訊科技(股)公司，二〇一三年九月。

二、學術論文

1.〈發現日治時期臺灣皇民詩人——周伯陽作品內涵及其相關問題〉，林政華 撰，《開南大學通識研究集刊》第十二期，頁一三—三六，二〇〇七年十二月。

2.〈日治時期鹽分地帶作家的短歌與俳句吟詠——以吳新榮、郭水潭、王登山、王碧蕉的作品為例〉，周華斌 撰，《臺灣作家的地理書寫與文學體驗》，頁二二五—二五六，二○○七年三月。

3. 〈俳句中「臺灣趣味」的形成——明治初期臺灣俳句之受容及發展〉，沈美雪 撰，《臺灣日本語文學報》第二十五期，頁五三—七七，二○○九年六月。

4. 〈河東碧梧桐與句會「綠珊瑚」會——新傾向俳句在臺灣之發展〉，沈美雪 撰，《臺灣日本與文學報》第二十七期，頁二七—五五，二○一○年。

5. 〈陬訪素濤編俳誌《熱》與本島俳人作家——大正前期臺灣俳壇與日本俳壇的交流〉，沈美雪 撰，《淡江日本論叢》第三十六期，頁二三—四八，二○一七年十二月。

三、碩博士論文

1. 《臺灣日文新詩的誕生——一八九五—一九二六以《臺灣日日新報》、《臺灣教育》為史料》，國立政治大學臺灣文學研究所碩論，研究生張詩勤，指導老師吳佩珍教授，二○一五年七月。

四、一般論文

1.〈臺灣雜誌興亡史〉，裏川大無　撰，《臺灣時報》昭和十年（一九三五）二月號、七月號、十月號、十二月號。

本文原刊於二〇一九年八月《人間魚詩生活誌》夏季號

附錄二

臺灣個人俳句集點線面

筆者在〈臺灣的俳句發展概述〉一文曾經提及：「在臺灣從事現代詩創作的為數不少，但從事俳句創作的並不多；詩集年年都有出版，但俳句集的出版卻是屈指可數。」臺灣有關現代詩集的出版何止千百，有關俳句集的出版，儘管未至於鳳毛麟角，但雖不近，亦不遠矣。是以，本文擬就還在書市流通或是圖書館可以借閱得到的個人俳句集進行掃描。

一、個人俳句集知多少

從一九九三年迄今二十六年來，個人出版俳句集僅有巫永福、陳黎、林建隆、邱各容等四位。有趣的是上述四位個人俳句集，前三位都各三本，邱各容只出版一本。以年代分，九〇年代有六本，這其中九六年到九九年，每年都有俳句集出版，尤其是林建隆，從九七年起，每年出版一本俳句集，足見其寫作量之豐；千禧年以後四本。若以使用語文而言，除巫永福使用中（臺語）、日語，其他三位則用中文，請見下表。

作者	書名	出版社	出版年月	使用語文
巫永福	《巫永福全集：俳句卷》	傳神福音	一九九六、〇五	日文
巫永福	《巫永福全集續集：短句俳句卷》	傳神福音	一九九九、〇六	日文
巫永福	《春秋：台語俳句集》	春暉	二〇〇三、〇一	中文(台語)
陳　黎	《小宇宙：現代俳句一百首》	皇冠	一九九三、〇一	中文
陳　黎	《小宇宙：現代俳句二〇〇首》	二魚文化	二〇〇六、〇六	中文
陳　黎	《小宇宙與變奏：現代俳句二六六首》	九歌	二〇一六、〇四	中文
林建隆	《林建隆俳句集》	前衛	一九九七、十二	中文
林建隆	《生活俳句》	探索文化	一九九八、十一	中文
林建隆	《鐵窗的眼睛：林建隆俳句集》	月旦	一九九九、〇五	中文
邱各容	《臺灣俳句集》	唐山	二〇一七、〇九	中文

二、作家掃描

(一)巫永福（一九一三～二〇〇八）

詩人、小說家，南投埔里人，生長於日治時期，東渡日本畢業於明治大學文藝科，受教於日本文豪山本有山、恆光利一等人名下。常以日文創作小說，為新文學作家群中的小說健將，無論在戰前或戰後對日本俳句或短句並不陌生。他在從事新詩、小說創作的同時，也沒有忘情於俳句或短句創作。在一九九六年由沈萌華主編的《巫永福全集》就有《俳句卷》入列，一九九九年仍由沈萌華主編《巫永福全集續集》，其中也有一冊《短句俳句卷》，前一冊以日文書寫，後一冊中日文參半。二〇〇三年由春暉出版社出版的《春秋：臺語俳句集》則是以其母語，也就是「臺語」書寫的。無論是以日文或是臺語書寫，這都是巫永湖熟悉的語言。尤其是《春秋：臺語俳句集》更是以五七五的格律呈現。

（二）陳黎（一九五四～）

詩人，花蓮人，本名陳膺文，畢業於臺灣師範大學英語系，創作以中文為主，是當代臺灣最早從事中文創作俳句而出版的詩人。一九九三年他出版《小宇宙：現代俳句一百首》一書，其實是一百首三行詩，卻以「現代俳句」為名，似乎有意區別「古典俳句」的五七五格律。相隔十三年後，二〇〇六年出版《小宇宙：現代俳句二百首》內分「小宇宙Ⅰ」和「小宇宙Ⅱ」兩個單元。其中「小宇宙Ⅰ」是收納一九九三年出版的內容，「小宇宙Ⅱ」才是新的創作，所以說，此書是新舊合體。再隔十年，二〇一六年出版《小宇宙&變奏：現代俳句二六六首》一書，跟前一書《小宇宙：現代俳句二百首》同樣分為兩個單元，一是「小宇宙」二百首，一是「小宇宙」變奏六十六首。換句話說，該書係由兩百首「母詩」和六十六首「子詩」和新生詩所構成。

綜上所述，陳黎的這三本現代俳句，彼此之間有其連貫性與重疊性，這或許是來自於詩人的巧思。陳黎之所以拿「小宇宙」為名，醫師出身的詩人莊裕安認為顯然是沿用匈牙利鋼琴家巴爾托克（一八八一－一九四五）一五三首鋼琴曲 Mikro Kosmos 的標題。莊裕安在〈甜意的觸電〉一文中提到：

> 詩的最高目的，是「詩就人」，而不是「人就詩」。當無事無物不可以入詩時，詩就是生活。……這些詩的修辭，雖然是天馬行空的幻想，但和生活扣得相當密。……陳黎這些俳句雖然像日本傳統靠攏，其實也是勢之所趨。……陳黎這些俳句，全是可解的禪意。（《小宇宙：現代俳句二百首》頁二二一－二二二）

誠如莊裕安所言，究竟陳黎的現代俳句有沒有禪意，而且是可解的，讀者不妨閱讀之後即可驗證。

（三）林建隆（一九五六～）

基隆暖暖人，詩人、教授、笠詩社成員、美國密西根大學英美文學博士。不曾讀過日文書，不懂日文，卻能出版日式白話現代俳句，一九九七年詩人巫永福為《林建隆俳句集》寫序時提到：

> 日本古文學俳句在日本非常盛行，與和歌短歌會一樣，結社遍及日本全國各地，愛好的作者也不計其數，且松尾芭蕉等名人的俳句集也普遍被譯成英文流行於美國，在美國也有俳句會的存在，林建隆透過英譯就能理解俳句的精粹寫作，甚為難得。（《林建隆俳句集》序1-2）

繼《林建隆俳句集》後，翌年復出版《生活俳句》一書，全書分成日月星辰的協奏、動植物界的交響、個人靈魂的奏鳴、來自邊緣的聲音等四大部份。從「協奏」、「交響」、「奏鳴」、「聲音」等名詞顯示該俳句集富有音樂性的節奏感。繼《林建隆俳句集》與《生活俳句》之後，第三年又出版《鐵窗的眼睛：林建隆俳句集Ⅲ》。

有趣的是林建隆本身在這三本俳句集竟然隻字未提，從未發聲。鐵窗的眼睛：《林建隆俳句集Ⅲ》勿寧是監獄文學或是鐵窗文學的最佳詮釋。作者讓很多動物、昆蟲，或是植物、花卉在三行詩中，筆者很認同向陽「擔負鐵窗生命的悲劇情調與鐵血生命的索觸、悟解」的見識。

（四）邱各容（一九四九～）

新北九份人，兒童文學文史工作者，近年重新拾筆散文寫作並嘗試詩詞與俳句書寫。從研讀中野孝次原著、李永熾翻譯的《清貧思想》，非常嚮往書中洋溢那種簡約樸實，卻又廣闊無邊的生活方式，更令其醉心的是書中提及的和歌和俳句，每每讓其沉浸於那份與自然同在的文學氛圍當中。數年前開始習作俳句，尤其對松尾芭蕉的文學造詣所表現雋永的俳句，以及參贊天地化育的那份閒情逸致更是嚮往。松尾芭蕉不啻是引領邱各容親近俳句的異國啟蒙師，前年九月出版《臺灣俳句集》，目前還持續俳句書寫。

全書收錄四〇一帖俳句，分「臺灣俳句」、「臺語俳句」、「武俠俳句」等三輯，「臺灣俳句」以寫景、寫情、寫物為主；「臺語俳句」以母語從生活入詩，寫常民生活意趣，是常民生活寫照；至於「武俠俳句」論武功本身者少，論武俠義理者眾。邱各容以為「俳句雖是短詩，卻具足情境和意境的書寫，押韻的普遍性，讓俳句也適合吟誦。……透過淺顯易懂的詩句，勾勒生活的素描。」詩人，也是詩評家的趙天儀則認為「日本俳句是依照日本語言「五七五」的定型完成的。邱各容的俳句是依照漢字「五七五」完成的。邱各容的俳句，一言以蔽之，是自然與人文的綜合表現。」

三、結　語

綜上所述，顯然的，在臺灣有關俳句集的出版確實跟不上現代詩集的出版，這是屬實；畢竟在臺灣從事俳句寫作的社群不比現代詩的寫作社群。即便如此，還是可以見到俳句集出版的影子。

如果就巫永福、陳黎、林建隆、邱各容等四位的俳句集而論，巫永福和邱各容的俳句集還是遵守「五七五」的格律，無論是日文俳句、中文俳句或是臺語俳句皆然。至於陳黎和林建隆兩位出身英語系的詩人，則是以現代詩的形式，不拘泥「五七五」的定型，彼此各有千秋。

儘管表現形式不一，但他們透過俳句所要表達文學與生活的緊密關係則一。從生活文學到監獄文學，從母語文學到鐵窗文學，都在呈現著幾位俳句詩人的心靈世界。

日治時期的詩人也是俳人，戰後臺灣出版俳句集的巫永福、林建隆、陳黎都是聞名的現代詩人，他們既出版現代詩集，也出版俳句集，是相當契合日治時期「俳詩合體」的精神。可惜的是戰後臺灣詩壇寫俳句的人非常少，可說是「俳詩分體」的狀況，衍變成現代詩和俳句各行其道。

即便如此，上述三位既是詩人也是俳人的俳句寫作者，至少為當代的臺灣俳句留下吉光片羽，延續俳句的寫作命脈，至少不讓具有百年以上發展歷史的臺灣俳句銷聲匿跡，更為戰後臺灣俳句的個人出版留下可資研究的參考文獻，這點作用是毋庸置疑的。至於筆者原是詩壇的素人，卻在因緣際會之下，與俳句結上不解之緣。《臺灣俳句集》的出版，只是一個開始，我以身為「俳人」為榮。

本文原刊於二〇一九年十二月《人間魚詩生活誌》秋冬號

附錄三：

俳句天地任遨遊——進入巫永福的俳句世界

巫永福，臺灣南投埔里人，號永州，筆名田子浩。生於一九一三年三月十一日，卒於二〇〇八年九月十日，享壽九十六歲。巫永福的文學生涯從他於一九三二年考進日本東京明治大學文藝科學生修學年代開始，受日本文學家山本有三、恆光利一、評論家小林秀雄等的薰陶以及影響。一九三五年三月因故返臺幫忙處理家務，短期從政後，轉往商界發展，事業有成。

巫永福返臺後曾就任日本「卡拉他吉」短歌雜誌臺北支部長，開始他的文藝活動。先後協助成立「臺北短歌會」、「日文臺北俳句會」，同時也自然而然成立「臺北歌壇」。是以，巫永福與臺灣俳句的關係就從黃靈芝先生的「日文臺北俳句會」開始。

《巫永福全集》中的日文俳句

一九九六年五月《巫永福全集》出版，該全集係由沈萌華的「傳神工作坊」主編，共計七卷十五冊，一至十冊為中文卷，十一至十五冊為日文卷，其中《俳句卷》為第十三冊。依據沈萌華在〈編者報告〉指出《俳句卷》整理自巫永福手稿及少數發表於「臺北俳句集」的創作。無題目，依手稿順序編排。共計二五一四帖日文俳句。巫永福畢業於東京明治大學文藝科，可謂科班出身。俳句在日本被視為國民詩，對巫永福而言，從事日文俳句創作輕而易舉；只可惜缺乏創作日期，難以明白這些日文俳句創作的起迄，平添研究的難度。不過從內容或可歸類成天象變化、日月星辰、蟲魚鳥獸、花草樹木、山川景物、日常生活、民俗節氣等。這些題材環繞著生活，從生活入詩，淺顯易懂，難怪被視為國民詩。

《巫永福全集續集》中的日文短句與俳句

一九九九年六月《巫永福全集續集》出版，仍由沈萌華負責主編，除原有的十三卷，續集增加《短歌卷》二冊、《短句俳句卷》、《詩卷》、《文集卷》、《文學會議卷》各一冊。其中《短句俳句卷》為第十六冊，係短句與俳句合卷，短句卷有題目，俳句卷則無。

巫永福在《巫永福全集續集》俳句卷的〈序〉提到他的小學公學校、中學、大學完全接受日本教育，故以日文書寫小說和詩，比起缺乏漢文基礎的中文書寫來得方便。他的短歌和俳句都不離生活。《巫永福全集續集》的俳句依舊沒有題目，也沒有創作日期，共計九五六帖。內容除蟲魚鳥獸、花草樹木、山川景物、日常生活、民俗節氣外，還加上當代藝術、宗教寺廟、時事經緯、國內外旅遊、藝文戲曲等不一而足。國外旅遊遍及日本、中國；時事經緯如二二八事變；當代藝術如陳慧坤；國內旅遊如基隆港與八卦山。也就是說，在續集的俳句卷，內容更加生活化，誠如巫永福所言，他的俳句與生活是不離不棄的。

可以這麼說，巫永福的日文俳句，是生活文學的體現，透過俳句，將生活與文學做最好的連結。透過詩人對詩的敏感度，將生活融入詩中，提升生活的文學況味。

《臺語俳句集：春秋》中的中文俳句

二〇〇三年十月巫永福繼《俳句卷》、《短句俳句卷》之後，又出版《臺語俳句集：春秋》一書，該書係由笠詩社策畫，共九六六帖俳句，和前二冊一樣，沒有題目和日期。巫永福在〈序〉中表示：「詩中國自古以來就有詩經、離騷、樂府、漢詩、唐詩七言、五言、宋詞及現代自由體詩。日本從中國輸入唐詩，因語言關係將七言二十八字改為三十一字的和歌，將二十字五言改為十七字的俳句形成一格在日本盛行，因中國無俳句，我即以臺語試作五七五十七字的臺語俳句，……。」

從巫永福的序文可知日本俳句源自於中國的唐詩，而將日本俳句以臺語形式表現的當首推巫永福。《臺語俳句集：春秋》一書內容包括蟲魚鳥獸、花草樹木、民俗節慶、童年記趣、天文氣象、四時耕作、宗教活動、觀光旅遊、生活點滴等。巫永福的這本臺語俳句，一來跟前兩本同樣都沒有基本的分類，二來就因為沒有基本的分類導致無法進一步了解他在俳句寫作上的歷程，三來無法促成賞析的一貫性。即便如此，依稀勉強還是可以根據內容大致作如上的初步分類與賞析。

從俳作中可以了解巫永福是一位很懂得生活的詩人，性喜旅遊，足跡遍及臺灣、日本、韓國、中國、泰國、新加坡、荷蘭、法國和美國，尤其是臺灣、日本和中國。其對年節頗多觸及，諸如：除夕、元宵、清明、端午、媽祖聖誕、中元、七娘媽生、七夕、重陽等。有關宗教信仰計有：法雨寺、玄光寺、湧蓮寺、銀閣寺、金龍寺、龍山寺、關帝廟、地母廟、祖師廟、弘光寺等，其中以法雨寺和龍山寺出現次數較多。臺灣常見的蟲魚鳥獸：山鳩、畫眉、蚱蜢、白頭翁、秋刀魚、蝴蝶、百步蛇、螳螂、烏秋、白鷺、牛、蟬、蟋蟀、香魚、紅蜻蜓、水蛙、鹿、蝗蟲、松鼠等都一一入俳。至於有關臺灣常見的植物則有：樟樹、蓮花、茭白筍、油桐花、甘蔗、合歡、芭蕉、杜鵑、扶桑花、七里香、龍眼樹、榕樹、苦苓花、蒲公英、箭竹筍、木蓮樹、木蘭花、鳳仙花、木麻黃、芒花、櫻花、蜜柑、向日葵、桃花、松樹、夾竹桃、牡丹花、紅柿、含笑花、椰子樹、桂花、萬年青、水仙花、菊花、山茶花、菜瓜、相思樹、芒果、蓮藕、野薑花、金針花、鳳凰樹、玉蘭花、百合花等四十餘種。

巫永福是位很懂得「惜情」的詩人，其中也有關於他對其他與其同時代成長的故友的追思與懷想。諸如：林獻堂、花崗二郎、陳進、陳慧坤、賴和、李石樵、江文也、郭雪湖、王白淵等政治家、同學、美術家、文學家、音樂家等。

巫永福在本書既然採用五七五的俳句形式，再加上部分押韻，就彷如唐詩五言和七言的合體，這是本書的特色。為便於敘述，估以編排次序為宜。諸如：

第三十三帖：透窗殘月瓏／春雲朦朦微風冷／床上暗清靜

第四十二帖：山鳩叫人醒／開眼看窗天光明／少女鋼琴聲

第一三四帖：蘆湖天氣晴／老鶯粉粉飛樹鳴／難忘我一生

第一四三帖：紗帽山聽蟬／山腳路底浸溫泉／浴後琵琶彈

第一六七帖：老寺僧入定／茫霧山蟬聲寧靜／領悟佛心生

第五三四帖：秋嶺風寂然／來回運動感疲倦／漫漫行出山

第六二四帖：川流竹橋影／影上春雲飄遊動／來一陣春風

第六四三帖：龍眼花落地／兒童撿起來遊戲／引起我好奇

巫永福是二二八事件受難者家屬，有十幾帖談及此事，其中以第三三三帖最能代表受難者家屬的心聲「**二二八清鄉／白色恐怖不是夢／可怕真難忘**」。有關當年轟動臺灣社會的美麗島事件，巫永福第三三七帖「**美麗島事件／蔣經國以軍法判／何不以司法**」提出他的看法，不知何故與第三五二帖重複出現。同樣情況也出現在第四八三與四九二帖「**彌勒佛愛笑／並那春日才有笑／你笑我就笑**」、第四八五與四九四帖「**遠見紅柿紅／路中愉快唱鼻歌／見柿在古道**」、第七六七與七七三帖「**玄奘西遊記／猴齊天七十二變／講古秋夜長**」。這種的重複出現，或許是編者尊重作者的手稿有以致之。

結　語

巫永福在日本明治大學文藝科修學期間受到「新感覺派」的影響，該學派的藝術追求，主張以「新的感覺」去感受生活及世界的一切事物。由是之故，巫永福的小說和詩的作品，都有「新感覺派」的影子。

在日文的《俳句卷》、《短句俳句卷》、《臺語俳句集：春秋》三本俳句作品，尤其是《臺語俳句集：春秋》更可以很明顯的看到作者從日常生活中取材入詩的生活俳句。舉凡與生活息息相關的年節、旅遊、宗教慶典、親子關係、政治事件、農作、動植物等不一而足。詩是生活的寫照，詩是生活的縮影，詩是生活的美化，……。

巫永福採用五七五的句型表達俳句的意境，是典型的「定型詩」，有別於陳黎和林建隆的以「三行詩」表現俳句。無論是以「定型詩」或是「三行詩」的呈現，那都只是詩的表現形式，千萬不要忘記「詩質」才是俳句的核心價值。個人覺得俳句是生活文學的體現，也是生活美學的映現。日本之所以將俳句視為國民詩，想必與生活息息相關。

本文原刊於二〇二〇年六月《人間魚詩生活誌》春夏號